JN438574

바람아 쉬어가렴

박 기 태 시집

오늘의문학사

바람아 쉬어가렴

■ 서문

땅거미가 어깨를 짚고 있어도

부산한 발걸음들이 물결처럼 일렁이는 저녁시간.

대로변 폭 넓은 인도에 즐비한 앉은뱅이 돌의자에 앉아 파도처럼 밀려오는 자동차의 불빛을 바라본다. 가슴 한 구석에서 바람이 빠져나갔는지 언제부터 길들여진 듯 허허로운 공허감과 더불어 무심하게 불어오는 바람을 가슴에 안는다.

사계의 영혼을 더듬어 온 바람.

약속이 없어도 새로운 소리를 향하여 시간을 초월하고 길을 잊은 채 시의 동산을 올라가면서 쉬지도 않는가? 산을 오르려면 보폭의 조절, 보속의 조절, 호흡의 조절, 힘의 안배 등 사위일체가 되어야 할 텐데.

가슴에 안긴 바람아, 아무렴 쓸쓸한 땅거미가 어깨를 접고 있어도 잠시 쉬어서 가렴.

뒤늦게 달려가다 걸어가다 쉬지 않고 움직이는 바람이 되어 가슴 할퀴던 지난날들.

멈추지 못하는 흔적들이구나.
아무리 잊혀질 수 없는 흔적도 어느 날엔 잊어가는 것.
아무렴, 바람아 쉬어가렴.
문득 문득 떠오르는 보랏빛 그리움과 하얀 미소.
오래 오래 기억하려면 바람아 쉬어가렴.
조급한 마음일랑 한 자락 깔고 쉬어가렴.

아울러 짬이 없는 일상에서 쉬어 가는 바람이 되도록 평설의 장을 마련해주신 평론가 리헌석 선생님께 깊은 감사의 마음을 갖는다.

2009년 봄에
전주 모악산 아래 우거에서
柔川 朴其泰

‖ 차 례 ‖

제1부 그때를 생각하면

‖ **차 례** ‖

제2부 지리산 야생화

‖ 차 례 ‖

제3부 겨울 은하수

‖ 차 례 ‖

제4부 등대가 하얀 까닭

‖ 차 례 ‖

제5부 고운 물빛 빚으며

제1부
그때를 생각하면

"눈을 감아봅니다
눈부신 미소 아픔 지워내고
별빛처럼 다가와
그리움으로 반짝입니다"

별

어둠이 창 앞에 앉아
영혼을 깨우는 소리
별이 잠깨어 반짝인다

거친 바람
세월의 층계를 올라
혼돈의 광장에서
깃발을 흔든다.

흘러간 오늘이
내일로 발돋움하는데
희망의 별,
반짝이는 눈으로
나를 지키고 있다.

그 때를 생각하면

그 때를 생각하면
아직도
가슴이 떨리고 있습니다

하루 하루
세월은 쉬지 않는데
그대 어느 그늘 아래
쉬고 있는가
눈을 감아 봅니다

눈부신 미소
아픔 지워내고
별빛처럼 다가와
그리움으로 반짝입니다

보고픔에
짓물러버린 눈
애타는 가슴에
슬픔은 쌓이고
머리털 허옇게 투덜댑니다

그대 그림자 사라진
텅 빈 역두의 소슬바람
그 때를 생각하면
아직도
옷자락에 감기는 슬픔입니다.

내 마음 나도 몰라

내 마음 나도 몰라
보이지 않게 숨겨진 좌표
그래서 나도 몰라

몰라도
알고 있는 것이 마음,
경험에서 얻은 기억이 마음이라

사위의 밀폐된 틀
자기 위주의 사고방식
비워지지 않는 우물 속에서
하나씩 지워보는 기억

구름 위에 앉아 있는 바람
아집과 갈등의 골은
없어지지 않고 쌓여
내 기억은
흔들리고 있다.

변하지 않는 것은

세상은 잠시도
쉬지 않고 변하여 가는데

바람이 바위에 걸터앉아
고개 돌리고 쉬는 사이
드리운 그늘 변하지 않을까

가슴으로 세월 마시고
맨홀 속에 갇힌 꿈
발자국은 남아 있을까

구름 날개를 펴
별들이 속삭이는 밤
사랑은 변하지 않을까

미움과 기쁨의 흔적
빛살 드리워 그림자 지워도
그 자리 남아 있을까.

백화점 앞의 여름

검정 블럭 위에
입추 베고 누워
섭씨 삼십구도 지열에
몸살 앓는 더위

백화점 정문에는
온 날 근위병 정복에
길쭉한 털모자 눌러쓰고
집총한 채 서 있는 마네킹의 고통

칼바람 난무하는 추위
눈 부릅뜨고 이겨내듯
숨막히는 폭염에서
기다림에 체념하는 침묵

어느 오파상 선전장
더위 먹은 북소리 속에서
방향 잃고 헤매는
잃어버린 사랑의 열기

도시의 소음 속에서
어지러워 갈팡대는 바람과
바다 건너 시집 온 풀꽃
속살 더듬어 간질이고 있다.

방황

가까이 갖고 싶은 추억
아무리 찾아도 보이질 않는다
언젠가 책상 서랍에 넣어
아직도 어둠 속에서 잠자는가

눈으로 보고 싶은 그리움
퇴색한 얼굴
열쇠 잃어버린 오늘
가슴으로 더듬어 본다

물 빠진 갯벌의 도요새
풍요로운 하루가 부산한데
삶의 발자국은
해질녘 수평선을 안고
꽃물 든 황혼을 거닌다.

이슬 젖은 아침 햇살

용광로의 꿈
물결처럼 넘실거리던 광장에
언제부터 향기도 없는
장미꽃의 아우성이 울부짖고

수평선 끝 문이 열리면
기다란 그림자 뒤에서
어둠 속 헤매고 있는
다섯 바퀴의 수레
그대 잊을 수가 없어

스러져 가는 새벽달의
서글픈 미소 건네면서
애원이 방울방울 맺히는 가슴
활짝 열어 보이는데

언제나 희망이 꿈틀거리는
새 아침의 붉은 햇살
척척하게 이슬 젖어 있구나
긴 여정의 빛살이 아름답구나.

사그라든 사랑에 불을

너 그리움에
가슴 노그라져 불사른
붉게 물든 석양이구나

한 뼘도 못 남은
조바심에 살갗 성글던 한 해
세밑의 사그라든 사랑

구름이 어른거려도
저 수평선이 타고나면
안개 걷히는 동녘의 닭울음소리

바다도 산 위에 오르는
벌겋게 익어 온 꿈을 위해
사그라든 사랑에 불을 지펴라.

올해의 가을이 가면

산비탈 등성이에서
은빛 억새 흔들거리는
둔덕을 내려다보면

노란 잠 속으로 빠져 든
숨죽이는 잔디밭 위로
도박의 덫에 걸린 세상
고요한 정일 속에서 몸살 앓아

고통과 아픔
슬픔의 꽃
갈색의 탈바꿈으로 흐물대는데

올해의 가을이 가면
싹수가 새파란 풀밭
영혼이 평안한 마을에
파란 별들이 모여들겠지.

서러워라 잊혀진다는 것

무서리 허연 벌판
초록빛
숨결 그리다가
머릿결 따가운 햇살은
토실토실한 살갗에 톡톡 튄다

어느 날
햇살 잠들던 나목
밤비 흩뿌려
현란한 얼음꽃 하얗게
눈이 시리면

찬란한 오늘을 위해
돌이 되어버린 세월 그리운
나목의 소망 굽어보며
서러워라 잊혀져가고 있는 햇살
구름 뒷자락에서 눈물 훔친다.

그림자의 자리

세상에는
살기 좋은 곳도 많다는데
벌판 헤매던 외로운 그림자
자리 잡지 못하고 두리번두리번
한숨 몰아쉽니다

느닷없이
적막도 잠든 듯
어둠이 가득한 허공
길이 넓혀지고 있는 침묵 속으로
눈을 돌립니다

보이지 않는 어둠의 벽
두 손을 벌려 더듬어도
모두가 똑 같은 얼굴
표정, 깊이도 모르는 칠흑 속에서
그림자 혼자 헤엄치고 있습니다.

탑첨에 가물대는

바람이 멈추어 있는 공간
가진 것이라고는 꿈의 비늘
사랑의 그림자 보듬고
가스 가득 찬 동통의 신음 견디며
숨소리마저 늙은 소나무 껍질처럼
거칠어진 공포 앞에서 몸부림

스산한 봄밤에 개나리꽃 되어
파아란 하늘빛 침상에 몸을 눕히고
순하디 순한 눈길과 속삭이던 세월
아, 꿈에서 깨어난 바람
산자락에 다가선 산문이 열리고
침묵 속에서 풍경으로 반기는 절간

저 만큼 떨어진 탑첨에 가물대는
황량한 가슴으로
맨날 쏟아낼 구름 같은 한숨
외로움에 휘날리는 치맛자락
저녁 내내 그리운 불빛되어 비춘다.

기상起床

이른 아침 눈을 떠 본다
켜 있던 불도, 텔레비전도
자명종도 꺼져 있다

언젠가부터
잎 떨구는 나무 밑에서
매일 물을 주던
그림자도 없어졌다

시詩 속에서
열의에 차 있던
영혼만이 편안하게 앉아 있다

새 날이 열리면
새로운 삶이 기다릴 것
가장 소중한 하루로 있으라
'참나' 속의 영혼은 속삭인다.

달

환상이 명멸하는 별빛을
달은 지켜보고 있었다

맵고 질척거리는 삶
방황하는 생명의 숨소리
진실한 나를 찾는 밤
달은 낯선 곳에서 떠돌고 있었다.

쳐다보다 고개 떨군
시인의 독백을
나그네의 푸념을
달은 숨결로 듣고 있었다

침식당하면서
신음, 고통, 눈물을 삭이고
눈은 눈부시게 날카로워도
분노를 재우면서
달은 고독을 덮고 있었다

차디찬 어둠 속에서
불타는 환락의 갈증
달은 이슬로 적시고 있었다.

사모곡

삶의 누더기 가리고
당신이 앉았던 자리 어림에
가슴에 불붙은 세월
언제나 쉬고 있더니

어느 사이
흔적 보듬고 떠나간 후
옹달샘 물 굜이 패인 언저리
건듯 불던 바람이 머물고 있어

촉촉한 그리움에 젖은 채
지나던 발걸음 멈추고
섧귀 여미는 눈빛 드리워
고이 물어본 안부

떠나간 세월은
어머님 체취 은은한
한 움큼 사랑 보따리 묻어두고
하얀 구름
저녁놀 불사르며
황망하게 떠나갔답니다.

하얀 기다림

창가에서
하얀 기다림
세월을 적시고

먼 하늘 구름 속에
그리움을 심은 채
훔치는 눈물

아직도
작은 가슴을 열고
누군가를 사랑할
정열이 고여 있는가.

미소 짓는 햇살

어둠의 세계에서
침묵을 배우고
흐르는 물가에서
상처받은 사랑 씻으면서
어둠 속에 서 있는
이방인 같은 나를 본다

뼈끝 시린 손으로
선명한 붉은 색을 칠하려
춤추는 화판 위에서
나락의 공포에 젖어
아무리 발버둥 쳐도
방황하던 황혼이 내린다

스러져 미소 짓는 햇살
황혼의 등 뒤에서
저녁 새는 깃을 접는다.

눈을 감으면

조용히
눈을 감으면
구름이 떠나간다

가슴에 파고드는
외로움의 하소연
넌출지는 잎새의 춤

너울지는 파도
가슴 할퀴고 우짖어도
너글너글해지는 잠긴 마음.

봄이 왔건만

잊어버린 그리움
해질녘, 노을의 그늘에서
떠나간 발자국 위로
춤추는 꽃잎

한 줄기 회오리바람
아픔 터지면서 속삭이던 봄
망각의 꽃길 더듬어 가는
빛바랜 추억의 밀어들

잠 깨인 환상의 빛살
봄 위에 주저앉아
뇌살거리다 시들어가고
하얗게 타버린 영혼을 찾아
덧없이 떠나가는 세월이여.

제2부
지리산 야생화

“골짝마다 흩어진
역사의 그늘에 주저앉아
귀 열고 세월 지키는
변함없는 야생화”

검은 하늘

그대 어둠 속에서
검은 하늘을 보았는가

반짝이는 속삭임
하늘의 전부가 아니던가

파란하늘이라
누가 색칠을 하였다던가

음험한 비늘 조각들
너와 나 하늘이 안다 하였는가

죄와 벌
저 어둠 속에서 하늘이 보겠는가

어둠의 자식들
가슴 열고 검은 하늘 사랑하겠지.

삶의 풍경

일그러진 얼굴들이
도시를 품고 있는 산
꼬불꼬불 고갯길에서
아스팔트와 콘크리트의
거치른 호흡결을 굽어보다가
사람들의 아우성을 듣는다

곳곳에 쌓여 있는
어설피 다듬어진 쓰레기더미
어두커니 서 있던 어둠 걸어오면
병든 가로수는 눈을 열고
목매어 신음하는 가로등
무심하게 지나간 바람을 그린다

그림자를 남기던 그리움
껍질을 벗고 헤맴은
부서지며 살아간다는
빛살의 고향 풍경
빛 젖은 물 속삭이며 흘러가다
부딪치면 소리치며 눈물 뿌린다

부딪치는 고통
얼마만큼 견뎌 낼 수 있나
시험하는 하늘
욕망을 향하는 빛과 어둠
번갈아가는 삶의 욕조
세상 살아가는 풍경이다.

거짓말

비워버린 마음
아침 햇살로 채웠다는
하얀 거짓말

자기 틀 속에
한낮의 햇살 담고
기억 지운다는
까만 거짓말

옹달샘 물구멍 앞에서
이죽대는 생각
이지러진 노을 보듬고
마음 닦았다는
새빨간 거짓말

거짓말은
자신이 먼저 죽어
기억의 영상 지우지 못한
감상의 아픔에 오열하는
내일의 그림 같은 것
과거의 기억이 아닌
미래의 욕심덩어리.

비나 쏟아져라

흐트러진 시장 한 구석
상처 난 사랑 달래는
어지러운 사람들

목 터지게 외쳐보다
차라리 허기져 수런거리는
눈빛 아우성

참말 힘들어요
가슴 파고드는
희세의 웅변

구경나온 바람
소맷자락 드나들다
쇠잔한 가랑이 아래에서
가슴 적시는 빗살 그린다
어휴 비나 쏟아져라.

지리산 야생화

엄청난 역사
길게 누워 침묵하는 지리산
바람 지키는 숲그늘
어둠 속에서 없는 듯
웅크리고 있는 분홍빛 야생화

세상은 쉬지 않고 변해도
골짝마다 흩어진
역사의 그늘에 주저앉아
귀 열고 세월 지키는
변함없는 야생화

바람에 묻어가는 소리
빨치산도 민주투사 운운에
모싯대꽃 고개 떨구고
비비추 속잎 열어 웃는데
얼굴 붉히는 분홍빛 야생화

하얀 바람 앞세우고
어둠 내리는 숲 속으로
검은 날개 휘저으며

손 내밀고 악수하자는 검정세월과
입맞춤하는 야생화.

파도의 아픔

그대
저 햇살 아래 누워 있는
그림자를 보고 있는가

대지와 이어진 탯줄 때문에
바람을 맞아가면서도
흙을 밟고 뒹굴다가
다시
그 붉은 땅 위에 서 있다

그대
저 대지 위에 뎅그러니
외로운 발자국을 보고 있는가

어깨 부딪는 공항 대합실
마주 보는 이별의 눈길
불빛 반짝이는 물방울 속에
꿈과 약속이 숨쉬는
무지개 한 토막이 서 있다

그대
저 이글거리는 수평선 앞에서
푸른 물결 위에 출렁이는
파도의 아픔
그리고 고독을
가슴에 추억처럼 담겠는가.

눈 내리는 밤의 고독은

찬란한 햇살
추위에 오돌거리던 바람
살찬 눈매의 시선들과 낯가림에
어둠 속
창문 열고 들어와 잠들고
어느 새 눈이 쏟아지는데
세월은
고독만 남겨두고 지워지고 있었네

나목에 꽃이 피고
깃발 내려진 집을 지우고
노랫소리가 뒹구는 길도 지우고
무심하게 멀뚱거리는 신호등이 졸고
추억 속에 가물거리는 고향도 지우네

하얀 눈이 세상을 다 덮어도
그림자 지운 탑첨은
눈을 뜨고
눈이 덮힌 밤을 지키는데
방안에서 잠이 든 바람
홀로 남은 고독의 혓바닥은

정 맞아
깎아진 가슴의 동통을
시나브로 핥으면서 시를 읊고 있네.

일기예보

황산벌
진흙 밭 헤매는
계백장군의 눈물자국

백수白叟 휘날리는
노병의 자가진단
무릎 쑤시면 비 오는데
진흙 공격 모르고
갑옷은 왜 꿰매었나

일기예보 모른 채
천추의 한
핏물로 물들이고
달무리 가장자리
맴돌고 있을까.

노란 새싹

묵밭 파헤쳐
청배추 씨앗 묻고
몰아 덮친 태풍, 행여
우악살스러운 발굽에 밟히고
손톱에 할퀼까
짚나라미 덮어 놓고
어둠에 걸터앉아 지새인 몇 날밤
어느 새 구름 헤치고 나온 햇살
어지러운 손티 더듬으며 덮개 치우자
노란 새싹
풀끝에 앉은 새들의 세상
방긋 얼굴 열고 태어나
초록빛 미소로 가슴 적신다.

침묵 · 2

작열하는 햇살의 침묵
풀떨기 숲에서
목매달고 씨름하는데
풀머리 사이사이
쪼그려 앉은 바람
가슴 움키고 신음하고 있다

화장실 물탱크에서
뚝뚝 운명이 떨어지는
물방울의 흐느낌보다
바닥 타일 위에 펼쳐지는
퍼즐의 침묵은
망설이는 영혼의 눈빛 같다

두려움에 몸살하는 어둠 속에서
희망을 찾아 번뜩이는 눈빛
검은 구름이 소리 없이 몰리고
침묵 접은 장대비의 오열
비가 멎으면 물발 멈출까
물 젖은 상처의 아픔 지워질 것을
갈고리달 같은 가슴

잔잔히 떨고 있는 영혼
바람 같은 함성보다
가장 두려운 침묵 속에서
현란하고 파란 희망의 꽃
비명 잉태함을 깨쳤으리.

아무나 가질 수 없기에

사람과 소
하나가 되는 홍분
진하게 가라앉은 땀냄새
힘과 함성 어울어지는
하얀 발자국에서
파란 하늘로 비상하는 세월
아무나 가질 수 없기에
파도가 휩쓸고 지나간
질펀한 백사장의 가장자리에서
돌파구도 없는
바람의 난타소리에
두 귀를 막고
당신의 사랑을 기다리리.

구름의 그림자

어느 날
튼실한 개가 짖고 있었다
구름 지나는
그림자 보고 짖어대는 개
그 옆과
그 뒤에 있는
젊은 개, 어린 개
또 다른 늙은 개
오렌지족 같은
애완견도
그저 떼 지어 짖고 있다
시끄러워 귀를 막은 구름
그림자 불태우고
바람의 등에 업혀 간다.

초록빛 이끼

산자락 끝
그늘진 비탈
추억처럼 앉아 있는 돌 틈에
가슴 시린 그리움으로
파란 잎새 기다리다
나이도 잊어버린
초록빛 이끼
어느 날
속살 깊은 햇살에
짓무른 눈꼬리 말리며
생명의 숨소리 묻혀낼까?
어느 세월에.

고향이 그리운 것은

나뭇잎들이
세월의 이슬 머금고
손아귀 끝에
희망의 끈을 쥐고서
푸른 하늘 속에 꿈을 심고
무성한 잎새 사이로
나슬거리는 햇살 보듬고
숨결 고르던 그 시절
즐거움도 아픔도 뿌리내린
고향의 산자락마다
앙증맞은 들꽃 위에
추억이 영글은 가을이 앉아
그리움의 몸살을 앓으면서
지난 날 되작거리면
그 속에 영상되는 내가 그립고
내 웃음꽃 향내 묻힌 고향
그 고향이 그리운 것이다.

밤비

세월 더듬는 처마 끝에
밤새도록 통곡하는 밤비
어둠 지키는 가로등
거슴츠레 눈꼬리 내리고
흐느적거리는 슬픔 휘날려
소리내어 동동거리면서
노란 구슬이 거울 속을
뒹굴어 가다가
세상 밑창 끌어안으려
몸부림으로 부딪치며
기둥 밑둥까지 휘어감고
처절하게 널브러져가는 아픔
밤을 으깨는 신음
먼 나라의
세월 삭이는 향연인 듯
양 겨드랑이 속으로 감추고 있다.

주름 잡힌 구름

따뜻하고 지순한 마음
평온하고 깨끗한 마음으로
그려놓은 가을산의 꽃물

숲그늘 삭정이에
기대인 하늘을 보면
주름 잡힌 하얀 구름

신열 앓듯
나뭇잎 벌겋게 타오르면
주름살 펴고 아픔 달래며
가슴부터 꽃물 들게다.

불상佛像

장대비 퍼부어 그림자 씻겨도
질척거리는 살맛 없는 세월

아집我執과 이기利己
꽃바람 베어 물고
사바를 떠나지 못하여도
골골에 번지는 햇살의 미소

중생의 마음속에
없는 듯 자리한 부처
거친 벌판에서
슬픔 털어내는 침묵

섭리에 순응하는 지혜 잊고
온갖 그늘 어깨에 얹은 채
온 날 웃고 있는 불상 앞에 절한다.

체념

저 햇살
미로의 뒤란으로 숨어버리면
화등잔 같은 눈망울도
어지럼에 몸을 휘청이다가
아픔 같은 어둠 속
두 손은 허공에서 허우적허우적
끝내
간지럽도록 가벼운 그리움 때문에
두 눈 감아버리고
차라리
외로움 잠들고 있는
들판 가운데에서
춤을 추고 싶어라.

제3부
겨울 은하수

"천년 사랑이 피어 번지나
은물결 출렁이며 흘러가는 날
한 톨 씨모를 싹틔울
희망을 기다리는
겨울 은하수에서
쉬고 있겠지"

선원禪院 기행

어느 날부터
바람은 속삭이다
외치다가
울면서 울면서
찾아 헤매고 있었다.
운수납자雲水衲子 어디로 갔는가.
텅 빈 절마당 구석
청태 낀 기왓장에
목탁소리만 맴돌고 있네.

날씨 따라

이른 아침
짚신 장수
나막신 장수
날씨 따라 울고 웃는구나

해맑은 한낮
미소 머금는 빙과류 장수
눈물 감추는 유제품 장수
날씨 따라 웃고 우는구나

비 내리는 저녁나절
건설 공사장
놀이 공원
내일을 모르니
울지도 웃지도 못하는구나

차라리
눈 내리는 날
비뚤어진 입꼬리
함박처럼 헤벌린
휴대전화는 속삭이고 있다.

횡단보도

고통지수 고혈압의 신음
막막한 황혼의 한숨
텅 빈 허공을 꽉 채운 채
목매달고 반짝이는 신호등 아래
착각한 현실과 아집 속에서
조화의 아우성 난무하여도
금기가 없는 삶의 횡단보도는
오늘도
무법자의 잔머리 앞에
정지선이 잠식당하여
하얀 옷을 벗으면서
정지선의 슬픔 지켜보고 있다.

여름날 석양

광한루 연못에는
여름 풀어놓은 연꽃은 없어도
수염 짧고 약삭빠른 비단잉어
떼지어 살고 있다

상큼하니 푸른 잔디 그리운
여름 날 석양
저녁그림자 데리고
비단잉어와 놀고 있다

두런두런
어수선한 발길들
창구 닫힌
출입문 언저리로 밀려가고

월매네 굴뚝
저녁연기 보이는가
향단이 아궁이에 불 지피고
방자는 외상 받고 있는데

언제부터
연못가 등 없는 의자에
보따리 같은 가방 보듬은
할 일 없는 노파

먼 하늘 구름 더듬다가
외롭게 떠다니는
오리새끼 한 마리
눈으로 매만지고 있다.

임걸령 샘물

지리산 주능선의 임걸령
운해 속 빠져나온 갈증
천왕봉 팔십리 너무 멀구나

뱀사골 휴식년
반야봉 내림선도 휴식년
피아골은 너무 깊구나

임걸령 분지에서
구름 씻고 온
가슴 더듬는 바람에
땀 젖어 방황하는 갈증

임걸령 적시는 샘물
마른 풀숲 위에
음악처럼 흘러 적시고
지친 몸 쉬어본다.

밀물 · 2

순하게 웅얼거리는 바다
저 혼자 멀리 갔다가
인형들과 속삭이는 바람의 소리
가슴 진한 흙냄새에
한 걸음에 달려오는 바다
달려오는 걸음 반갑다만
그늘진 패배자도 아니고
햇살 앞에 마주 서
웃음 나누는 발자국
귀뺨은 왜 때려
그래도 부족하여 흔적마저 지우며
오만가지 표정으로
얼굴 내밀고 노래 부르다
백사장에 드러누워
아픔 쓸어안는다.

내일은

말복 어깨 짚는 푸른 벚나무
우거진 잎새 사이마다
세월 데리고 걸어가던 무더위
가슴 열고 식히는 열기

식어가는 여름
한가롭게
낮잠 즐기던 쓰르라미
가슴 스치고 달려간다

아픈 가슴 파고드는
허무로운
이별의 정거장
슬픈 기적소리 생각하며
목 터지게 울어댄다

노란 세월이
붉은 바람 앞세우고
저
산꼭대기에서
소리없이 내려 올 내일

시퍼렇게 늘어진 잎새 아래
빨갛게 나슬거리던
옥수수 수염
물기 잃고 비실비실 꼬이면
고추잠자리 날아갈 테지.

매미소리

파란 들판에
꿈틀거리는 싱그러운 꿈
가슴 속에 묻어 둔
그리움으로 채워진 사랑
무성한 숲그늘 속에서
저리 울어대는 매미소리에
한여름의 저녁
바람 묻어 깃을 내리면
가을나무 이파리로
살이 찌는가.

바다숲 내일

무심한 햇살 속삭이는
바다의 가슴 속 깊은
푸른 그늘의 갯민숭달팽이
밤 새워 숨바꼭질하던 숲
어느 날부터
하얗게 늙어가고
해초 붙임살이도 사라져
파란 꿈도 늙어버린
갯녹음 지역
언제일까
해중림 숲그늘에
또 다른 숲의 탄생이……
모자반 밀림 속에
베도라치 숨어서 기다리는
푸르른 바다숲 내일을 위해
오늘도 바다는
가쁜 숨 몰아쉬며
하얀 파도 꽃을 피운다.

바람아 쉬어가렴

바람아
발그림자 돌아보며
초록빛 그늘 아래
빨간 꽃잎에 앉아 쉬어가렴

초록빛 풀잎
치마폭에 선홍의 사랑 감싸고
편안한 자세로 주저앉아
마음 편한 세상이라고
두리번거리며 하늘대는데
바람아
어쩌려고 일어서는가

끊임없이 풋내 익어가는 냄새
사랑이 일렁이는 숨결로
여기저기 꽃술 더듬는데
바람이 불어대면
흩어지는 씨앗 하얀 소복으로
사랑이 피는 길을 방황하며
호소하는 슬픈 넋두리

바람아
멈추어 쉬어가렴
아직 햇발은
몇 발 남았는데
동동걸음 멈추고 발허리 펴서
수평선에 담그며
세월 끌어안고 쉬어가렴.

만추晩秋의 아픔

창끝 같은 나뭇가지에
따뜻한
등불 같은 까치밥 대신
세월의 뒤뜰 물굽이에
휩쓸려가는 만추 매달려
이별의 아픔 진저리치며
더듬거리는 손으로
멀어지는 그리움 부르다가
텅 빈
회색빛 하늘 앞에서
된서리 내리는 밤에 기대어
노오란 햇살 그리면서
아슴아슴한 추억
새벽 안개로 지우고 있다.

겨울 은하수

어제보다 한 눈금 자랐을까
캄캄한 어둠 속에서
더듬거리는 겨울 밤하늘
맥없이 삶의 마름질 같은 것

뿌리를 잃고 헤매던
한 줄기 별똥별
무성한 꿈을 보듬고
별그늘 사이사이 흘러가다
눈감고 주저앉는다

아마도
천 년 사랑이 피어 번지나
은물결 출렁이며 흘러가는 날
한 톨 씨모를 싹 틔울
희망을 기다리는
겨울 은하수에서 쉬고 있겠지.

저녁바다

버리지 못한 미련
푸른 초원에 널어놓고
날 샌 올빼미의 외로움
어금니로 짓씹으며
달려간 바다

때맞추어 펼쳐진
황혼의 까치놀
지나온 발자국마다
가득가득 고이면서
풀어지는 시름

가지런히 다독거려온 삶
빛과 그림자의
어긋맞은 환상 속에서
아름다운 저녁노을
두려움에 가슴 떨린다

어슬어슬 드러눕는
붉은 그림자 뒤에 두고
욕심스러운 심호흡의 애착

어슴새벽의 여명을 그리며
오늘의 노래 띄워본다.

물결, 바라보다

가슴 트이게 훤한 광장
달려오고 달려가는
불빛 물결 일렁이는 언저리
등 굽은 의자에
바람과 함께 앉아 있다

아무 말 없이 그저
눈 앞 물결 바라보고
서로의 가슴 속 들여다보며
더듬고 있다

그러다가 멈추었던 불빛
썰물처럼 밀려가면
바람은 황망히 떠나버린다

어느 사이
텅 빈 자리에 세월이
미소 머금고 다가앉는다
물결 바라보면서
따스한 체온과 숨결로
외로움 감싸고 포옹을 한다.

타인他人

나 말고
사람이 있으니

타인은 그의 주름 속에
애벌레처럼 감싸여 있어
볼 수 없는 표정이어도
나를 보고 있나보다

타인의 세계를 건너
트이지 않은 나
홀로의 꿈을 갖게 되면
스스로 주름 속의 수인囚人인가

들리지 않는 타인의 말
그래서 타인의 눈 속에
영상 되는 나를 보고
주름을 펴야하는 것인가.

일요일 소묘

다보탑에는
사자가 살고 있었는데
어느 날 사자 없는 빈집으로 침묵하는
십원짜리 동전 같은 일요일

사람들은 나름대로
약속들만 모여 살고
약속 없는 나는
주인 없는 거미줄이 밤을 기다리듯

고독이란 욕을 뒤집어쓰고
여리고 자유로이 흐르는 물에
한 바탕 넋두리를 실어
심심한 흔적 지우다

헤실픈 미소
흘러 번지는 그늘 뒤로
먼 길 돌아서 온 일요일
슬픈 일요일이 창연해진다.

한여름에 코스모스 피는 사연

무더위에 찌들며 살 오른 꽃대
가을바람 꽃잎으로 출렁이고
파란 하늘에 웃음 던지던 코스모스

어느 날부터
머리 싸매고 바람 끝에 놀더니
헤벌어진 앞가슴 젖꽃판 흔들다가
무단가출한 서러운 미혼모 아닐가

고달픈 한 세월 베어내고
찬서리 주저앉은 고령화가 싫어서
조석간 젊은 바람과 눈 맞아
씨방에 정액을 앉혔는가

남은 시간 꿰어 맞추면서
따가운 햇살 속을 헤매던 추억
한여름에 꽃 피워 아픔 지울까
성급한 미소 그리는 살살이꽃*.

*살살이꽃 : 코스모스의 별명

봄편지

텅 빈 가슴
아물거리는 한 구석에
그리움의 비늘조각
전설처럼 한 토막 숨겨져
울고 지나는 찬바람 속에서
아픔 달래며 기다리는데
세월 생각하는 틈새로
뾰조족 가녀린 새싹
맨살 내밀고
나슬나슬
봄 햇살의 미소
간지럽게 전하네.

제4부
등대가 하얀 까닭

"자국도 없는 바위섬
바람이 지나면서
파도가 왔다 간 아우성
텅 빈 마음만 남아 있다"

돌아보는 길목

찬란한 빛살과
따뜻한 눈맞춤하고
사랑을 배웅하는 포구에서
하얀 바닷길 가운데
회색빛 갈매기 그림자
운명처럼 기다리며
기쁨의 미소보다
안도의 한숨 감싸 안고
뒤돌아보는 모래밭 길
저 멀리 힘겹게
뱃전 기웃거리던 파도
삶을 내려놓은 채
백사장으로 밀려들어 돌아서면
눈 감고도
세월이 들리는 길 위에
무수한 발자국들
흔적 없이 지워지고
석양빛 그림자만 따라온다.

등대가 하얀 까닭

갯벌도 없는
바위섬 형제들
아기자기 어깨 맞대고
하얀 등대에 모여 살고 있다

나그네의
기쁨과 슬픔 남긴 흔적
어느 세월 해돋이로
지울 수 있을까?

자국도 없는 바위섬
바람이 지나면서
파도가 왔다 간 아우성
텅 빈 마음만 남아 있다

검푸른 바다 저 편
노을이 잠기면서
마지막 보내는 하소연
어이 받아서 기억할까?

거친 물결의 아우성
아침 햇살 속삭임
저녁 해넘이 침묵
울면서 바위섬 맴도는데

오직 외로운 등대
비어 있는 가슴 열고
투정 없이 받아
하얀 추억으로 기억하고 있다.

노고단에서

성삼재 난간에서
백리길 숲그늘 더듬어
고산준봉 오르내리며
천왕봉 가는 길

저 멀리
팔백리 더듬는 섬진 청류
눈길 흘러 보내다 돌아서니
구름 속에 서 있는 나그네

여기가 어디 쯤일까
무수한 돌더미 위에
이름 없는 탑첨인가
구름 너울 눈을 가린다

눈 가리는 구름 속
두 다리는 서 있어도
하늘도, 땅도 없고
몸을 감싸는 운해雲海 뿐

돌 위에서 헤매어도
휴식년에 발 막히고
성삼재, 천왕봉 주능선뿐이어도
외롭지 않은 노고단 운해.

풍경들

마음 더듬고
산꼭대기에 서리는 구름
외로움 달래며
침묵하고 있는 바람과
허리춤 풀어 내린다

공허한 허공
방향 찾아 눈을 번뜩이는
산새 한 마리
우표 없는 미납 편지
입에 물고 선회하고 있다

어차피
산 위에 산 없어
갈 곳 없는 발걸음들
바스대는 눈길만 교차하는
서글픈 풍경이 꿈틀댄다.

자갈은 굴러가야 한다

맥도 없이 흘러가는 시냇물에
어깨 맞대고 굴러가는 자갈
부닥치며 신음하는 소리
세월 속에 서서
그냥 굴러가며 흐느낀다

먼 옛날 언제인가
하늘 속에서 부유하던 바위
느닷없이 별똥별 타고
지구에 추락하여 비산한 잔재
별똥별에는 블랙박스도 없었다

비바람이 얼마나 헤매고
구름은 어디까지 흘러가는가
저 시냇물 속의 자갈
지금 흐느끼며 굴러가지 않으면
결코 영원을 잃고 말 것을.

수족관 물레방아

시계가 멈추면 죽었다고
돌고 돌고 돌아가던 것
멈추면 죽는 것이라고

죽지 않으면 멈추지 말고
삭정이에 물 주어
파란 잎 피고

한 술 밥이라도 주어
재깍재깍
벌떡이는 맥박

수족관의 물레방아
물방울 힘으로
죽지 않고 돌아가고
우리네 삶의 자락도
숨죽이고 돌아가는 물레방아.

귀꽃

별빛도 잠이 든
산자락 가장자리에
가슴 눕히고 어둠 지키는
산사의 석등
귀꽃 눈을 열고
하늘 향한 소박한 알몸으로
화창和暢을 밀어
투명한 내일을 위해
극락 가는 길을 밝히고 있다.

지리산 구름

더위 먹은 구름
노고단 산마루에 주저앉아
나슬거리는 비비추 속잎에게
가슴 열고 푸념하다

널따란 등산로 따라
훠이 훠이 내달아
성삼재 내려서서
섬진 청류에 발을 담글까

짙푸른 숲길 따라
신발 끈 고쳐 매고
천왕봉 올랐다가
청학동 굴뚝연기 업어줄까

난데없는 검정잠자리
구름 속 헤매는데
싱긋 웃음 짓던 구름
반야봉 어리허리 짚어간다

반야봉 골짜기 뱀사골
하얗게 부서지는 여울목
산그늘 더불어 구름 내리어
머언 바다를 생각하고 있다.

쌍계사에서

뙤약볕 씻어내는
발 시린 쌍계 활수
산허리 돌아 이는
마음 비우는 맑은 바람
쌍계사 팔영루 앞에 앉는다

삼신산 줄기 내려
사방 한 길 방장실 금당
진감국사 그림자 찾을 길 없어
흐르는 물소리 더듬어
한여름이 쉬어 갈는지

세고世故에 머리 싸매던 고운孤雲*
구름 속에서 흑두타 만나고
청학루 창가 청학을 불러
신선처럼 놀던
학 돌아간 지 천년인가

눈 아래 일주문 지나
외청교 머릿돌
이음새 없는

통간通間의 돌기둥으로
물 위에 걸쳐 이끼 덮고 누웠구나

산새 쉬어 가는
푸르른 대나무
장송에 기대어
청허의 노래淸虛歌 소소昭蘇하니
휴정西山大師의 묵향 지워질까.

*孤雲 : 최치원

빛과 그림자

그대 숨소리
가슴으로 받아들이면서
아늑한 눈빛이
더듬어 내릴 때
소리 없는 그림자
함께 살아가는
빛그늘 속에서
한 번도
다가가 속삭이지 못하고
그리움으로
꿈처럼
흐물대고 있습니다.

슬픈 사랑

어느 여름날의 사랑
교합의 무아경에서
천 길 적막으로 추락하는
사마귀의 원죄
우주를 아우르는
소리와 빛
욕심껏 여물어 갈
시퍼런 녹음 사이
각시는 서방을 바수어
마지막 삶의 떨림이
허공에서 허우적거리다
가슴 무너지는 신음 사라지고
슬픈 사랑의 피비린내
깊어 가는 연민의 자국에
가득 가득 고이고 있다.

마구리

출발선에 선 세월
좁은 강 양편 사이
완만한 구릉의 언덕
푸른 하늘 꽉 채운 초원으로
휘젓는 소맷바람
세월은 걷고 있다

아장아장
성큼성큼
징검징검

귀바퀴 간질이는
바람의 신음소리
가슴에 잠재우고
마음에 이고 지고
어둠의 마구리 속을
세월은 걷고 있다

프리즘 속 요지경
빛살 그리운 영혼
끝이 열려 있는 마구리

어느덧
저녁놀 뉘엿거리는 즈음
어둠 밝히는
마구리 판 앞에서
한가로운 구름을 타고
세월은 악수를 하고 있다.

내소사에서 · 1

하늘 찌르는 전나무 숲 사이로
서글픈 가을 햇살

내소사 그림자 찾아
소쿠리 속 같은 산자락을
두 발로 헤매다

천 년 속삭임 가슴 노랗게
물드는 느티나무의 숨결
한 번 만이란 망설임 지우고

삼백 년 눈 감고 침묵하는 보리수
앙상한 손으로 하늘 가리는 천 년 가람

직소폭포 물소리에
산그늘에 가리는 귀 열고
등 너머 파도소리 기다리며

돌계단 올라가다 맞는
아미타여래의 먼 눈빛에
삼층석탑 앞에서 합장한다.

내소사에서 · 2

등 너머
만경창파 성난 파도에
끼륵끼륵 울어대는 갈매기
구름밭 지나는 뱃고동소리
청솔로 가리고 앉은 내소사

맨살 드러내고
천왕문 내려보는 봉래루에서
퇴색한 대웅보전 향연香煙 속
이승과 저승
혼 사르는 촛불 앞에 엎드려
탑첨 머리 위로
천 년 넘어 맴도는 불심

마중나와 서성이는
목탁소리 없어도
그저 오가는
불자 아닌 발자국만
자갈 위에 뒹굴고
솔바람 흐느낌으로
고달픈 마음 씻어본다.

일손

끼이익
대문 연 영글은 세월
일손 게으른 농부 논둑에
잡초 우거진다는 말
이제는 옛말
어디 일손 없으니
낫손 사올 수 없을까?

구름의 애기

그 날
오르내림이 부드러운 초원
완만한 구릉 날맹이
푸른 하늘과 함께, 온통
시야를 꽉 채우는 햇살
구름 너울 속 빗겨 나온
태어남의 축복

오늘
회백색 척박한 땅에서
탐스러운 내일을 모색하는 것은
한 덩어리 포도송이 그리는
투박한 농노農老의 바래움
영혼을 쏟아 부은 구름

저녁놀 질 즈음
멍든 삶 다듬는 것은
타임머신을 타고 시간여행 중인
착각의 혼돈 속에서
저 꿈의 초원 샛길 훠이훠이 걸어가는
평안과 여유의 구름 애기이다.

복권

이른 아침
복권방 문이 열리고
어정쩡한 아주미의 보조개

하늘은 어두운데
눈가에 야릇한 미소 흐르고
손에는 로또복권 한 장
구름 사이로 빛살은 기다리고 있다

하늘과 땅
푸른 물살 더듬는
저 무수한 발자국들
밝은 대낮에 벼락맞을 운수인가

움켜쥔 복권
당첨의 기대에 부푼 호기
아서라
행여, 어줍은 발걸음 헛디딜까
가슴 조여 온다.

제5부

고운 물빛 빚으며

"차가운 하늘 속에서
햇귀 가슴적셔도
슬픔은 반짝거리고
물결 다듬은 바람이
호수 위로 물길을 열면……"

아쉬움

그 옛날
생각 없는 오늘 속에서
가진 것도 귀찮아
버리고만 돌아섰다

세월 젖은 하얀 눈
몇 번이나 내렸는가

이제
눈썹 희끄무레 물들더니
늘 함께하고 싶었던 것들
잊고 살아온 지난 날

아쉬움 간절하고
버린 자리 더듬어도 자국이 없다.

길 · 7

온 날 누워서 잠든 길
지나는 함성이 잠을 깨우며
가슴을 짓밟고 간다

그래도
태어남의 원죄
침묵하는 하늘을 향하여
소리없이 아우성을 보낸다
그리고, 미소를 보낸다

어느 날
지쳐 쓰러지는 꿈
품에 안아 보듬어 줄 날
구름은 지나면서 그늘을 던져주고
바람은 달리면서도
말끔히 씻어줄 사랑이 있으니

오늘
스멀스멀 기어가는 개미를 보고

누구에게나 열어줄 문
문을 열고
두 팔로 포옹하리라.

어머니 한숨

길 잃은 찬바람
웅송그리고 앉아있던 광장에서
헐벗은 삶이 비벼대는
고달픈 세상
남몰래 설귀 매만지며
가슴 가르던 한숨
칼칼한 칼바람 되어
당신 그리는 마음으로 흔들리면서
이 저녁 어둠 속에
긴 세월
회한에 젖은 옹이의
그리움으로 피어납니다.

회한悔恨

가파른 산등성이
퍼질러진 너럭바위에 앉아
미치도록 보고 싶은
구름이 흩뿌리는 그리움 안고
지난 봄
분홍빛 융단을 깔았던
철쭉 더듬어도
서리 입은 가지뿐
가슴 적시던 속삭임
다 저녁 노을 속에서 방황하고
숨 죽인 세월의 그림자
회한의 아픔 달래어도
눈가에 눈꼽만 맺히는구나.

5월의 묘지

가르마 길
5월의 보리밭
하얀 여백 너머로
파릇파릇한
잔디 고개 내민 묘지에
아픔 더듬어 온 평온이
꿈처럼 앉아 있다

눈물이 서 말이었다는
슬픔과 고독의 땅에
한 그루의 동백이 서서
초록빛 아지랑이로
호흡 사르고 있다

빈 허공 맴돌다
소나무에 앉은 멧새
잊었던 울음소리는
5월의 숨결로 내려앉은
노란 잔디 위의 정일이었다.

길 · 2

태풍에 몸살하던 나무
지금 몸이 아프다, 그래서
겨울바람 앞에 선 화초의 마음
피안의 언덕을 찾아
꿈을 꾸고 있다

한 세월 풍경으로
무색의 길 위에 서서
무지개 기지개 켜는
달디 단 공기를 그리며
온 날 방황하던 눈빛

바람에 씻기는 청량감으로
안개의 애무 받고
초록빛 터널 지나
보석가루 같은 햇살에 눈시린
하늘에 닿는 하얀 길에 선다
작은 별들도 쉬고 있었다.

고향집 마당

수수깡 울짱 가장자리
하얀 서리 덮고 앉아서
세월 헤아리던 두엄더미

노란 햇살 뇌살거리면
갈가리 흩어지는 영혼
그 밑자락 붙잡고 몸부림하다

포근히 젖어드는 따사로움에
시름 흩날리는 하늘이
소리없이 내려앉는 고향집 마당

그리움 젖은 그림자
덧없는 잔주름과 함께
옛애기 속살거린다.

벗

오늘을 두드려보는
그 작은 문
삐거덕 열리면 광장
파란 잔디밭에
가냘픈 나비의 날갯짓 같은
바람의 몸부림이
뜨거운 눈물 지리며
다가오는 몸짓
어제는 묻어버리고
오늘을 나누는 미소
햇살이 속삭이는 내일은
약속으로 가슴에 담고
돌아서는 사랑이다.

세월의 낚시

초록빛 추억 잦아들어
지천에 깔린 갈색 주검 위에
하얀 장갑 끼고
맥없이 서 있는 나목
부유하는 황홀함에 눈을 감는다

산꼭대기 조각구름에
화살 당기는 나목
산새 그림자 흩날리는
그 날이 올 때
침묵 속에 눈 뜨려는가

질펀한 초원 건너온
따뜻한 햇살로 가슴 적시는 나목
삶의 갈등 가지마다 매달고
수런거리는 속삭임 속에서
세월만 낚고 있으려는가.

고운 물빛 빚으며

호숫가의 고목
힘겨운 삶을 다한 듯
무거운 초록잎 떨구고
물위에 비추인 쓸쓸한 모습
차가운 하늘 속에서
햇귀 가슴 적셔도
슬픔은 반짝거리고
물결 다듬은 바람
호수 위로 물길을 열면
앙상한 그림자로 누워
산그늘 일렁임에
흘러가는 구름마다
물 때 벗기어
고운 물 빛 빚으며
벙글거리는 가슴으로
포옹하고 있다.

어둠의 사래질

가을 걷어낸 자국마다
칼칼한 추위 등에 업고
암울한 밤이 내려앉아
감을 잃어버린 채
바람에 너울거리며
춤을 추는데
탱자나무 밑에서
코 끝 간질이는
어둠 지키는 들고양이
온 밤 내내 사래질 하고 있다.

서걱거리는 꿈

오솔길 더듬던
꿈의 발걸음
능선이 넘어오는 산바람에
뒹구는 낙엽 묻어가다
가늠없는 시간들과 함께
들어앉은 식대밭 속의 꿈
검은 그늘 밑에 누워
언제나 없이
초록빛 하늘이 하늘거리는
사색의 광장 빛살 사이로
은빛 물결처럼 쏟아지는
파란 별들을 헤아리다가
저녁 내내 아삭대는 속삭임 속에서
그만
덩달아 서걱거리고 있다.

길 · 4

하얀 발자국들이
살갑게 모여앉아
다정한 속삭임과 정분으로
애환 감싸던 세월의 등받이에
송골거리는 땀방울의 비상飛上

이제
가슴 후비는 몸부림으로
골목마다
약삭빠른 눈짓만 넘쳐
늘어서서 햇살 지키는 침묵

해질녘
식어버린 열정이 누워 있으면
술취한 몸짓들이
헤실거리는 비아냥으로
얼굴도 모르는 깃발을 흔들고 간다.

헛간

덩그라니 텅 빈 공간
온몸 휘어감는 기다림에
눈이 짓무르는 침침한 어둠

바람처럼 지나는 노래
가슴 열고 기웃대어도
터널 속에 주저앉은 침묵

마음 여백으로 보이는 하늘
하얀 구름 혼자
발자국 지우며 걷는 디딜방아
적막한 외로움만 너울거린다.

채석강에서

바람에 내몰린 파도
검은 절벽에 부딪쳐 자살하고
차가운 바닷가에서
억겁 견뎌 온 바윗덩어리
석류처럼 터지려다 터지려다
세월 모서리만 닳아서
수 만 권의 책들을 쌓았는가

어느 세월에
저 많은 책숲 더듬고
저녁달 휑그런 바다에서
뱃놀이하던 이백
이승의 삶이 그리워
허우적대는 둥근달 건지려다
달 보듬고 용궁에 납셨는가

오늘도
길 잃은 파도의 몸부림에
갈매기도 방황하다

잠들은 등대 위에서
쨍쨍거리는 나이트클럽 목쉰소리
끼륵끼륵
기다리고 있다.

첫사랑

하얀 백지 위에
잊혀질까 마음 조이며
몇 날 그려보던 얼굴

세월의 책숲 되작이다
꿈결의 물무늬로 아픔 달래는
아련히 향기로운 숨결

추억이 잠들은 호수에
그리움 젖은 아쉬움 담그고
시나브로 사라지는 메아리

그래도
뜨거운 가슴 열고
텅 빈 하늘만 더듬어 가느니.

망각곡선忘却曲線

햇살 뉘엿거리는 길모퉁이
우연히 만날 수 있는
어렴풋한 보고픔들을 그리면서
긴 세월 씻기어 움츠러든 어깨
머뭇대는 빛살이 보듬는다

밤이슬에 젖어 쌓인
삶의 고달픔 머리에 이면
꿈길 더듬는 하얀 속삭임

흩날리는 가랑잎에
가슴 절절한 아픔 홍건한데
아련한 핏기 가신 얼굴들

어제 만났던 친구
자고 나니
기억도 아스라하니
주고받은 이야기 바람 같구나.

■ 평설

심안(心眼)의 세계와 구성의 묘미(妙味)

— 박기태 시인의 시세계

문학평론가 **리 헌 석**

(대전예술단체총연합회 회장)

1. 박기태 시인에 대하여

박기태 시인은 1941년 전라북도 정읍에서 태어나고 자란다. 전주영생고등학교를 졸업하고 국립경찰전문학교를 수료한 후, 국민의 행복을 지키는 경찰관으로 평생을 봉직한 후에 정년퇴임을 한다. 30여 년을 치안 부서에서 봉사하는 것이 쉽지 않았을 터이지만, 사명감에 의한 굳건한 선택으로 유종의 미를 거둔다.

청소년기에서부터 글을 써왔던 그는 경찰에서 정년퇴임한 후에 문학 창작에 입문하여, 꿈을 실현하기 위하여 창작의 삽질에 열중한다. 월간 《한국시》 신인상을 수상하여 시인으로 등단한 후 여러 권의 시집을 발간하였으며, 계간 《문학사랑》의 신인작품상에 소설이 당선하여 새로운 서사 세계를 개척하고 있다.

전라북도 전주시에서 함께 활동하고 있는 이근풍 시인과는 같은 경찰관 출신이라는 점, 순수한 서정을 작품으로 빚어내는 시인이라는 점에서 마음 깊이 교감하는 관계라 한다. 몇 년 전에 이근풍 시인의 소개로 여러 차례 만나면서 박기태 시인의 곧은 심성과 문학에 대한 열정을 확인한 바 있다.

첫 시집 『어제 그리고 내일』에서는 〈세월의 틈새를 비집고 나와 초록빛 이끼 촉촉이 물기 내리는 말을 기다리며, 불붙은 소망 하나 싹 틔우기 위한 각고의 노력으로, 온몸을 던져 시의 밭갈이를 하겠다.〉는 문학 창작에 대한 다부진 의지를 펼친다. 이러한 의지에 의하여 작품 창작에 가속도가 붙어 시집 『바람 사이로 걷는 밤』과 『발가벗은 가을 햇살』을 계속하여 발간하고, 2005년 『바람과 나비』를 발간하여 문단의 주목을 받는다.

그는 2009년에 시집 『바람아 쉬어가렴』을 통하여 다시금 삶의 진정성을 노래하고자 한다. 어찌 보면 노년에 이른 시인의 진솔한 내면을 표출한 듯도 하지만, 아직도 그는 젊은이보다 더 진지한 열정과 아름다운 서정을 간직하고 있어 늦깎이 시인들의 귀감이 된다.

어둠이 창밖에 앉아
영혼을 깨우는 소리
별이 잠 깨어 반짝인다.

거친 바람
세월의 층계를 올라
혼돈의 광장에서
깃발을 흔든다.

흘러간 오늘이
내일로 발돋움하는데
희망의 별,
반짝이는 눈으로
나를 지키고 있다.

—「별」 전문

이 작품은 박기태 시인의 내면을 고스란히 보여주는 역작이라 하겠다. 시인의 의식은 창(窓)을 경계로 분화되어 있다. 창 밖에는 어둠으로 비유되는 부정적 상황이 전개되고, 창 안에는 아름다운 영혼을 가꾸려는 시인이 맑은 서정이 자리한다. 어둠이 영혼을 깨우는 것은 세상을 향하여 열려 있는 시심의 발현으로 보인다. 어둠의 대조적 심상으로 반짝이는 별이 등장하는데, 이는 시인의 아름다운 지향이라 하겠다.

시인의 내면과 외면의 경계에서, 밖에는 거친 바람이 불어쳐서 오랜 세월 지켜온 평온을 훼방하며 혼돈의 광장이 이루어진다. 이로 인하여, 시인의 내면은 카오스의 상태에 직면하게 되지만, 이러한 상황에서도 시인은 흔들리는 깃대를 굳건하게 잡고 희망을 잃지 않는다. 이렇게 흘러간 어제가 오늘로 이어지고, 다시 오늘은 내일로 이어지며, 그 과정에서 희망의 별을 발견하는데, 이 별은 시인과 동질성을 띤다. 이렇듯이 어둔 세상에서도 반짝이는 별을 지향하며 희망을 잃지 않는 건강한 내면이 단형의 작품에 고스란히 담겨 있다.

박기태 시인이 추구하는 문학 작품은 이처럼 명(明)과 암(暗), 밖과 안, 부정적 세상과 긍정적 내면, 시련과 극복이라는 양자(兩者)의 경계에서 뛰어난 해석력을 보인다. 이러한 의식의 경계를 따라서 박기태 시인의 다섯 번째 시집에 수록된 작품을 감상하기로 한다.

2. 작품 구성의 묘미

박기태 시인의 작품은 주제가 선명하고, 제재의 해석이 개성적이며, 구성이 확실하여 단단한 구조가 특징이다. 그는 공무원으로 평생을 봉직한 영향 때문인지 작품의 구성에 특별한 의미를 부여하는 것 같다. 그의 작품들은 기서결의 3단 구성, 기승전결의 4단 구성, 희곡적 5단 구성을 주로 원용한다. 때로는 나열적 구성과 인과적 구성을 활용하기도 하고, 특별한 작품에서는 복합적 구성을 하기도 하는데, 어떤 구성을 원용하든지 그 주제가 분명하다.

경찰관으로서의 직무는 원인과 결과의 분석, 혹은 법과 규정의 적용이 일상화되어 있었을 터이며, 이러한 직무와 관련하여 오랜 기간 굳어진 습관이 문학 작품에도 은연중에 드러나는 것 같다. 이러한 특성은 의도적 창작 시도로 보이기도 하지만, 무의식적으로 창작하였음에도 불구하고 그러한 성향을 드러낼 수도 있는데, 그의 작품들은 구성의 특징에 힘입어 주제의 명징성을 확보한다.

가까이 갖고 싶은 추억
아무리 찾아도 보이질 않는다.
언젠가 책상 서랍에 넣어
아직도 어둠 속에서 잠자는가.

눈으로 보고 싶은 그리움
퇴색한 얼굴
열쇠 잃어버린 오늘
가슴으로 더듬어 본다.

물 빠진 갯벌의 도요새
풍요로운 하루가 부산한데
삶의 발자국은
해질녘 수평선을 안고
꽃물 든 황혼을 거닌다.

— 「방황」 전문

「방황」은 3단 구성을 하고 있다. 〈가까이 갖고 싶은 추억〉에서 출발하여, 〈열쇠 잃어버린 오늘〉을 확인하고, 〈물 빠진 갯벌의 도요새〉를 찾아내는 과정이 분명하다. 아름다운 추억일수록 세월이 지나면서 그립게 마련이고, 기억하고자 하지만 책상 서랍에 넣은 것 같은 사물들이 분명하지가 않다. 그래서 시인은 눈으로 보거나 손으로 만져서 직접 확인하고자 하지만, 잃어버린 열쇠처럼 구체화하기가 어렵다.

그래서 시인은 자기 가슴을 더듬으며, 감각과 본성을 되살려 다시금 확인하고자 한다. 이렇게 찾아낸 기억은 물이 빠진 갯벌의 도요새처럼 풍요롭다. 밀물이 들면 도요새를 비롯한 물새들은 먹이를 구하지 못하지만, 썰물로 갯벌이 드러나면 그 곳은 바로 풍요로운 천국이 되듯이, 기억을 되살리게 되면 내면의 풍요를 느끼게 되는 것이다. 이러한 서정의 풍요 속에서 꽃물처럼 아름다운 황혼의 자아를 발견한다.

이러한 구성은 연(聯)을 구분하지 않은 단형의 시에서도 나타난다.

어느 날부터
바람은 속삭이다가
외치다가
울면서 울면서
찾아 헤매고 있었다.
운수납자雲水衲子는 어디로 갔는가.
텅 빈 절마당 구석
청태 낀 기왓장에
목탁소리만 맴돌고 있네.

—「선원禪院 기행」 전문

이 작품은 무명(無明)에서 벗어나 깨달음의 경지를 노래하는 선시(禪詩) 성격을 지니고 있다. 시인으로 비유되는 '바람'은 추구하는 가치, 혹은 이르고자 하는 이상향, 혹은 종교적 깨달음을 찾기 위해 세상을 주유(周遊)한다. 이렇게 떠도는 시인의 내면은 탁발(托鉢)을 하는 운수납자(雲水衲子)의 이미지와 겹쳐진다. 탁발을 위해 세상을 떠도는 운수승(雲水僧)과 시인의 내면은 동질성을 띤다.

그러나, 시인은 〈텅 빈 절마당 구석〉에 있는 이끼 파란 기왓장을 만나게 되고, 세상의 영욕과 무관하게 존재하면서 긴 세월을 묵묵히 지켜온 대상으로 인식하여 긍정적 가치를 부여한다. 이와 같은 과정에는 절에서 들려오는 '목탁소리'가 주요 매체로 기능한다. 즉 목탁, 범종, 목어, 운판 등은 불교적 깨달음에 이르게 하는 주요한 매체들인데, 이 작품에서는 목탁을 통하여 시인의 지향을 구체화한다.

이와 같이 3단 구성이면서 문학성이 돋보이는 작품으로 「미소 짓는 햇살」 「눈을 감으면」 「봄이 왔건만」 「노란 새싹」 「아무나 가질 수 없기에」 「빛과 그림자」 「슬픈 사랑」 등이 있는데, 간결한 구성으로 자신의 내면을 효과적으로 형상화하고 있다.

용광로의 꿈
물결처럼 넘실거리던 광장에
언제부터 향기도 없는
장미꽃의 아우성이 울부짖고

수평선 끝 문이 열리면
기다란 그림자 뒤에서
어둠 속 헤매고 있는

다섯 바퀴의 수레

그대 잊을 수가 없어
스러져 가는 새벽달의
서글픈 미소 건네면서
애원이 방울방울 맺히는 가슴
활짝 열어 보이는데

언제나 희망이 꿈틀거리는
새 아침의 붉은 햇살
척척하게 이슬 젖어 있구나
긴 여정의 빛살이 아름답구나.

—「이슬 젖은 아침 햇살」 전문

「이슬 젖은 아침 햇살」은 4단 구성을 하고 있다. 4단 구성은 논리성을 띤 글에서 대표적으로 원용하고 있는 구성인데, 문학 작품에서도 구조의 완결성을 유지하기 위해 다용(多用)한다. 인용한 작품은 구성의 단단함을 통하여 시인의 주장이 문학적으로 승화되어 특별한 의미망을 설정한다.

이 작품의 핵심 시어는 2연에 있는 〈다섯 바퀴의 수레〉라 하겠다. 이 시구의 해석에 따라 이 작품의 성격이 크게 달라질 수 있기 때문이다. 이를 오륜(五輪)으로 보면 현대적 발상에 의한 올림픽을 연상할 수 있고, 오륜(五倫)으로 보면 유교의 중심 사상인 다섯 가지의 인륜(人倫)으로 볼 수 있기 때문이다. 이 작품에서는 후자의 의미를 띠고 있는 것으로 추정되며, 사람들이 지켜야 할 본분을 저버리고 있는 현대인

들의 비윤리적 행태에 대한 안타까움을 담고 있다. 이런 견지에서 해석하면 이 작품은 명시(名詩)의 대열에 세워도 좋을 것 같다.

작품이 비롯되는 기(起) 단계에서는 '용광로의 꿈'을 간직한 젊은 시절을 그려낸다. 이와 함께 〈언제부터 향기도 없는/ 장미꽃의 아우성〉을 통해 삶의 가치를 잃고 사는 사람들에 대한 비판의식을 투영한다. 이어 승(承)의 단계에서는 어둠 속에서 헤매고 있는 '다섯 바퀴의 수레'를 추구하는 시인의 내면이 구체화된다. 다시 전(轉)의 단계에서는 〈스러져가는 새벽달의/ 서글픈 미소〉를 통하여 〈애원이 방울방울 맺히는 가슴〉을 노래함으로써 절망적 정서를 환기시킨다. 결(結)의 단계에서는 절망을 극복하는 시심을 형상화하는데 〈희망이 꿈틀거리는/ 새 아침의 붉은 햇살〉을 통하여 아름다운 〈여정의 빛살〉을 희구(希求)한다.

이러한 작품 구성은 박기태 시인의 대부분 작품에서 산견되며, 주제를 분명하게 밝히려는 의도 때문인 듯하다. 「사그라든 사랑에 불을」 「올해의 가을이 가면」 「바람아 쉬어가렴」 「일요일 소묘」 「한여름에 코스모스 피는 사연」 등에서 시인의 내면을 여실하게 보여주고 있다.

환상이 명멸하는 별빛을
달은 지켜보고 있었다.

맵고 질척거리는 삶
방황하는 생명의 숨소리

진실한 나를 찾는 밤
달은 낯선 곳에서 떠돌고 있었다.

쳐다보다 고개 떨군
시인의 독백을
나그네의 푸념을
달은 숨결로 듣고 있었다.

침식당하면서
신음, 고통, 눈물을 삭이고
눈은 눈부시게 날카로워도
분노를 재우면서
달은 고독을 덮고 있었다.

차디찬 어둠 속에서
불타는 환락의 갈증
달은 이슬로 적시고 있었다.

—「달」 전문

「달」은 희곡적 5단 구성이면서, 표현에 있어 나열적 질서를 공유하고 있다. 시인은 삼라만상을 아우르는 주재자로 '달'을 내세워 자신의 시심을 구체화한다. 시인이 인식하는 별빛은 '환상'과 닿아 있으며, 그러한 별빛을 은은하게 지켜보는 모성(母性)과 같은 달이 등장한다. 둘째 단계에서는 '자아를 찾아 방황하는 시인'과 '떠도는 달'을 동원하여 청소년기의 속성을 그려낸다. 그러나 어느 순간에 시인과 달은 다시 운명적으로 만나게 되고, 방황하던 시인의 독백을 달이

수용하기에 이른다. 달은 다시 시인의 분노를 재우는 주재자로 나서고, 마지막으로 〈불타는 환락의 갈증〉까지도 이슬로 적시어 생명을 부여하는 전능한 존재로 확대된다.

이와 같은 형식상 5단 구성은 시인의 내면을 상세하게 표출할 수 있는 장점을 지닌다. 또한 발단-전개-위기-절정-대단원이라는 극적 긴장감을 조성하여 독자에게 다가서기도 한다. 간혹 단락의 숫자가 6~7개로 확산되는 경우도 있지만, 결국은 연(聯)의 중복에 의한 것으로 볼 수 있다. 연(聯)의 형식적 구성에서 5단계로 형상화된 작품은 주제가 선명하게 살아나는데, 그 작품으로는 「그 때를 생각하면」 「사모곡」 「파도의 아픔」 「저녁바다」 「지리산 구름」 「쌍계사에서」 등이며, 6연으로 된 작품들로는 「검은 하늘」 「여름날 석양」 「등대가 하얀 까닭」 등이 있다.

3. 심안(心眼)으로 그리는 세계

박기태 시인의 심안(心眼)에 투영된 문학적 대상은 아름다운 서정이기도 하고, 비판적인 세태일 때도 있으며, 견딜 수 없는 불의함에 대한 고발이기도 하고, 살면서 맞닥뜨리는 대소사(大小事)이기도 하다. 이러한 대상을 그만의 프리즘에 비추어 해석하는데, 그가 지닌 프리즘의 특성에 따라 다양한 분광(分光)이 일어난다.

마음 더듬고

산꼭대기에 서리는 구름
외로움 달래며
침묵하고 있는 바람과
허리춤 풀어 내린다.

공허한 허공
방향 찾아 눈을 번뜩이는
산새 한 마리
우표 없는 미납 편지
입에 물고 선회하고 있다.

어차피
산 위에 산 없어
갈 곳 없는 발걸음들
바스대는 눈길만 교차하는
서글픈 풍경이 꿈틀댄다.

—「풍경들」 전문

이 작품은 구체적 풍경을 노래하고 있지만, 그 풍경 속에 시인의 내면이 투영되어 특별한 감동을 생성(生成)한다. 산꼭대기에 서린 구름, 침묵하는 바람, 그리고 시인은 허리춤을 풀어 내린다. 이는 격의 없는 만남이자 친밀감의 표현이며, 또한 시인과 자연이 하나가 되는 물아일체(物我一體)의 경지를 노래하는 것에 다름 아니다. 그러한 가운데 산새 한 마리가 시인의 곁을 선회한다. 여기서 중요한 것은 '우표 없는 미납 편지'인데, 이는 사회적 인식의 차원이 아니라, 자연과 함께 찾은 직관적 심상에 기반(基盤)한 발견이다.

이러한 과정을 거쳐 시인은 〈산 위에 산 없어/ 갈 곳 없는 발걸음〉을 찾아낸다. 이는 두 가지 의미를 생성할 수 있는데, 첫째는 산 위에 산이 없다는 시구(詩句)에서 만물이 평등하다는 의미를 띠며, 둘째는 더 높은 산이 없어 오르지 못한 채 지향을 잃고 헤매는 군상들의 모습일 수도 있다. 어떠하든지, 시인은 풍경을 대하면서, 내면과 지향을 얹어 작품을 빚어낸다.

박기태 시인은 「귀꽃」에서도 유사한 심상을 보이는데 좀 더 밝은 이미지를 띤다. 〈별빛도 잠이 든/ 산자락 가장자리에/ 가슴 눕히고 어둠 지키는/ 산사의 석등〉에서 그는 자신의 삶을 돌아본다. 어둠을 지키는 산사(山寺)의 석등은 사회를 지키기 위해 평생을 보낸 경찰관으로서의 자신과도 부합한다. 그는 '석등이나 돌탑 따위의 귀마루 끝에 새긴 꽃 모양의 장식'인 '귀꽃'을 보면서 〈투명한 내일을 위해/ 극락가는 길을 밝히고 있다.〉고 노래한다. 이러한 시심이 바로 박기태 시인의 내면에 흐르는 문학적 원형질(原形質)이며, 이로 말미암아 그의 작품은 어둠을 노래하되 그에 침잠하지 않고 서정적으로 극복하는 특성을 지닌다.

앞으로도 그는 심안(心眼)의 프리즘으로 사물에 대한 개성적인 인식을 통하여, 창작의 삽질을 쉬지 않으리라는 믿음, 그리하여 그만의 독자적인 시세계를 구축하리라는 확신을 갖게 한다. 이러한 믿음으로 그의 작품이 어둔 세상의 밝은 빛이 되기를 기대하며 감상을 마친다.

바람아 쉬어가렴

박기태 시집

발행일 / 2009년 5월 15일
지은이 / 박기태
발행인 / 李憲錫
발행처 / 오늘의문학사
대전광역시 동구 삼성1동 125-6 한밭오피스텔 401호
Tel(042)624-2980 Fax(042)628-2983
http://www.lito77.co.kr(홈페이지)
http://www.cafe.daum.net/gljang(글짱카페)
✉hs2980@hanmail.net
등록 / 제55호(1993년 6월 23일)
ISBN 978-89-5669-323-1

값 7,000원

*이책은 전라북도 문화예술진흥기금으로부터 발간비 일부를 지원받았습니다.

*잘못된 책은 바꾸어 드립니다.